Mein Baby-Album

Dieses Buch gehört

....

Seit dem .... wissen Mama und Papa,
dass ich unterwegs bin.

Alle freuen sich riesig und es gibt viel von der
Schwangerschaft zu berichten:

....

....

....

....

....

....

....

....

....

Meine Entwicklung in
Mamas **Bauch** wird regelmäßig
beobachtet.
Hier ein Ultraschallbild
vom ....

(Hier Ultraschallbild
einkleben)

Dies ist meine
Mama im ………. Monat.

Foto

Und das ist meine Mama

kurz **vor der Geburt**.

Foto

Natürlich wird eifrig diskutiert,
wie ich **heißen** soll.

Das sind mögliche **Mädchen**namen: ....

....

....

So könnte ich als **Junge** heißen: ....

....

....

An diesem Tag werde ich erwartet: ....

Wann ich aber tatsächlich komme,
bestimme ich ganz allein!

Diese **Vorbereitungen** wurden getroffen:

....

....

....

....

....

....

....

Am .... bin ich um .... **Uhr** im Krankenhaus .... **auf die Welt** gekommen.

Mit dabei waren ....
Die Geburt hat .... **Stunden** gedauert
und meine Eltern können einiges davon erzählen:

....

....

....

....

....

....

....

....

Ich bin nun .... groß und wiege ....
Der Kopfumfang beträgt ....
Meine **Augen** haben die Farbe .... und
meine Haare sind ....

Meine Eltern haben sich für den Namen

.... entschieden

und mein Sternzeichen ist ....

Am .... habe ich **Namenstag**.

Man sagt, ich sehe .... besonders ähnlich.

Dies ist das allererste Foto von mir allein.

Foto

Und dies bin ich **mit** meinen **Eltern**.

Was geschah sonst noch am **Tag** meiner Geburt?

....

....

....

Das **Wetter**:

....

....

Und dies waren die wichtigsten Nachrichten des Tages:

....

....

....

(Hier aus der Zeitung Schlagzeile des Tages einkleben)

Mamas Tagebuch von unserem Aufenthalt im Krankenhaus:

Dieses Bändchen habe ich im Krankenhaus getragen.

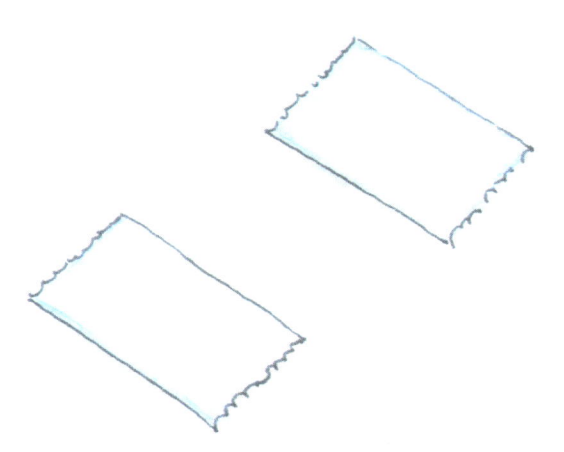

(Hier das Namensbändchen einkleben)

Am .... durften Mama und ich **nach Hause**.

Alles war ganz neu und aufregend.
So erging es uns am **ersten Tag**:

....

....

....

....

....

....

....

....

Hier liege ich in meinem Bettchen.

Foto

Das bin ich auf dem Wickeltisch

Foto

Ich und
mein erstes **Schmusetier**.

Foto

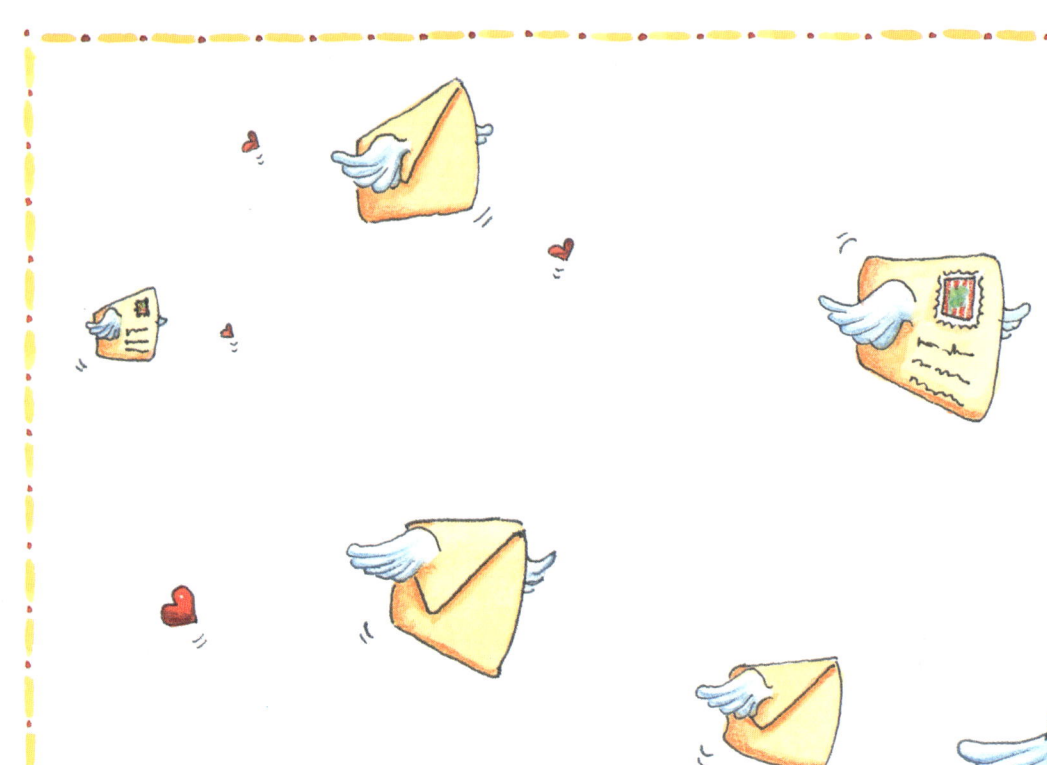

Um allen **Freunden** und Bekannten ihre Freude über meine Geburt mitzuteilen, haben meine Eltern folgende Geburtsanzeige aufgegeben und diese **Karte** verschickt:

(Hier Geburtsanzeige bzw. Karte einkleben)

Natürlich waren alle schrecklich neugierig und wollten mich möglichst bald kennen lernen.

Zu Besuch kamen

....

....

....

....

....

Liebe Glückwünsche von

....

....

....

....

Das haben wir geschenkt bekommen

....

....

....

....

....

....

Unsere Familie

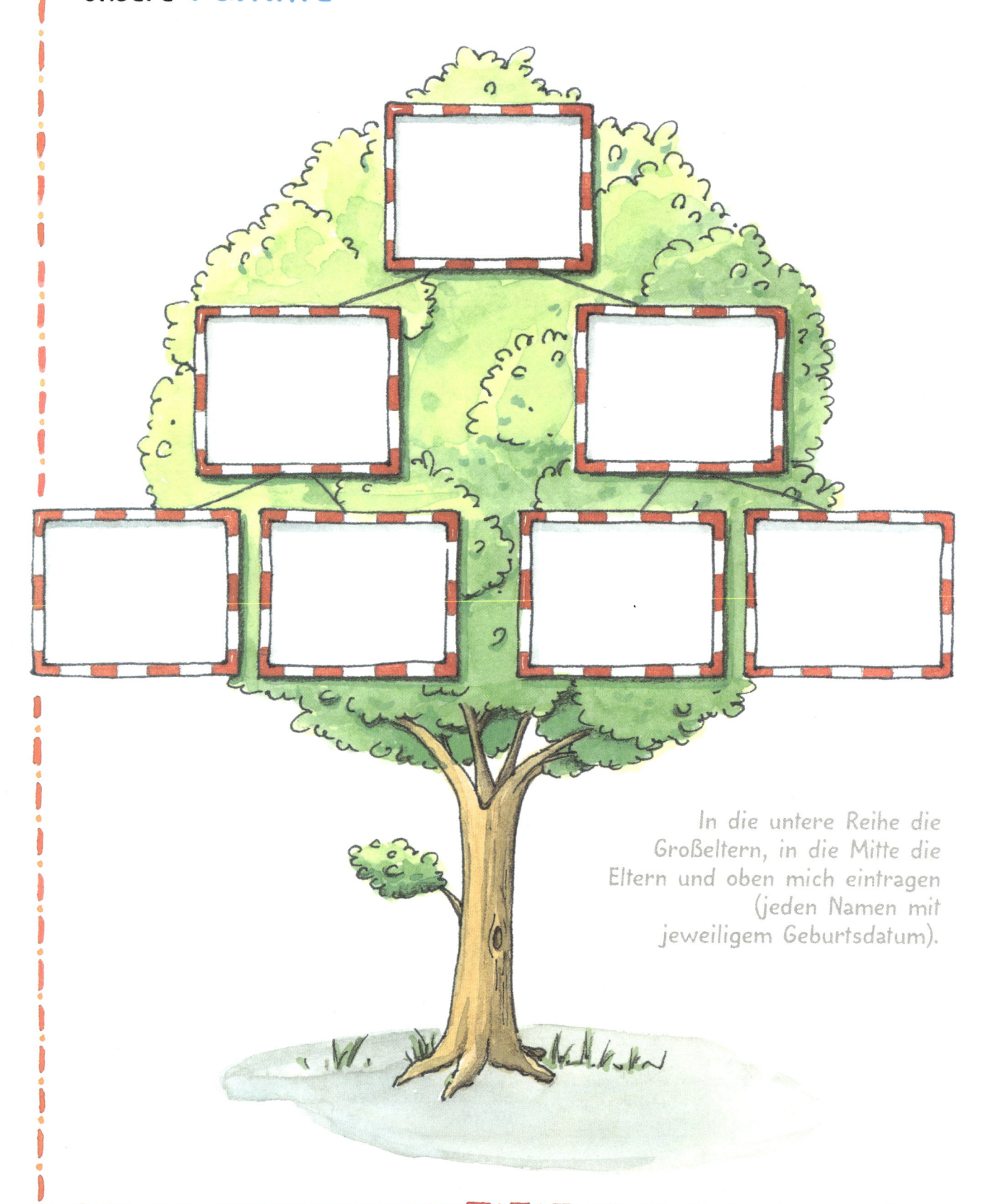

In die untere Reihe die Großeltern, in die Mitte die Eltern und oben mich eintragen (jeden Namen mit jeweiligem Geburtsdatum).

Dies sind meine Geschwister,
Cousins und Cousinen, Tanten, Onkel usw.

....

....

....

....

....

....

....

....

....

....

Auch meine Eltern waren einmal klein.

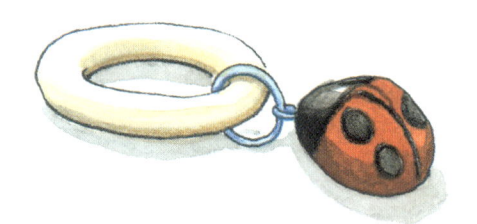

Dies ist meine Mutter mit ………. Jahren.

Sie wohnte damals in ……………………………………………… .

Foto

Dies ist mein Vater mit ………. Jahren.

Er wohnte damals in ……………………………………………… .

Am .... wurde ich

in ....

von .... getauft.

Meine Paten **sind** .... und

....

Eingeladen waren

....

....

....

....

....

....

....

Hier haben wir gefeiert:

....

....

Über mich gibt es an meinem
Tauftag Folgendes zu berichten:

....

....

....

....

....

....

....

....

Hier können Mama und Papa festhalten,
wie schnell ich **wachse**.

	Größe	Gewicht
Erster Monat	....	....
Zweiter Monat	....	....
Dritter Monat	....	....
Vierter Monat	....	....
Fünfter Monat	....	....
Sechster Monat	....	....

So groß sind meine **Hände** und **Füße**

am ....

(Hände und Fußsohlen mit ungiftiger Fingerfarbe bestreichen und auf diese Seite einen Abdruck setzen)

	Größe	Gewicht
Siebter Monat	....	....
Achter Monat	....	....
Neunter Monat	....	....

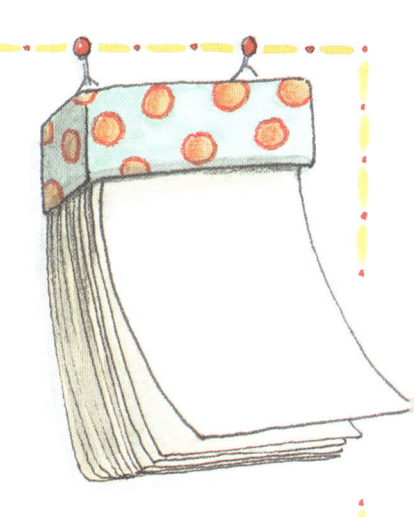

Foto

	Größe	Gewicht
Zehnter Monat	....	....
Elfter Monat	....	....
Zwölfter Monat	....	....

Zum **ersten Mal** ...

... im **Kinderwagen** gefahren am ....

... den Kopf gehalten am ....

... gelächelt am ....

... am Daumen gelutscht am ....

... einen Schnuller bekommen am ....

... nach einem **Spielzeug** gegriffen am ....

... an den Haaren gezogen ....

... gelacht ....

Und und und:

Vom **Krabbeln** bis zum Stehen,
von den ersten Lauten bis zum ersten Wort:

Alle Fortschritte, die ich im *ersten* Lebensjahr gemacht habe, wurden von meinen Eltern hier mit **Datum** festgehalten.

Foto

Meine Fortschritte im ersten Lebensjahr

Foto

Alle sind um mein Wohl besorgt und wir

besuchen regelmäßig unseren Kinderarzt ....

in ....

Arzttermine

....

....

....

....

....

Impftermine

....

....

....

....

Diese **Krankheiten** hatte ich im ersten Lebensjahr:

....

....

....

....

....

Au **Backe!**

Das gibt es über meine ersten **Zähne** zu berichten:

....

....

....

Mein erster Besuch bei Oma und Opa

Am .... besuchten wir die Eltern von Mama.

Das bin ich mit Oma und Opa in ....

Foto

Am .... besuchten wir die Eltern von Papa.

Das bin ich mit Oma und Opa in ....

Wenn meine Eltern einen **wichtigen** Termin haben
und mich nicht mitnehmen können,
gibt es immer jemanden, der auf mich aufpasst:

....

Mein erster Babysitter ....

Am .... hatten meine Eltern zum ersten Mal nach meiner Geburt wieder einen Abend ganz für sich **allein**.

Die erste Zeit habe ich viel geschlafen.
Zumindest hat man das von mir erwartet.

Doch alle .... Stunden bin ich aufgewacht.
Von den **Nächten** können meine Eltern Folgendes berichten:

....

....

....

....

....

....

....

....

Am .... habe ich zum ersten Mal eine Nacht **durchgeschlafen**.

Vom .... an hatte ich feste Schlaf- und Wachzeiten.

Abends haben mich meine Eltern immer ins Bett gebracht. Das ist mit der Zeit zu einem richtigen Ritual geworden:

....

....

....

....

....

....

Ein heißes **Bad** fand ich in den ersten Monaten **einfach**

○ grauenhaft.

○ wundervoll.

Foto

Mein liebstes **Badespielzeug** kommt mit in die Wanne:

....

Am .... war ich zum ersten Mal in einem richtigen **Schwimmbad** bzw. an einem Bade**see**.

Dies war in ....

Mit **dabei** waren

....

....

....

Im ersten Lebensjahr hatte ich immer einen **Bärenhunger**:

🟡 Ja

🟡 Nein

Bis zum .... wurde ich gestillt.

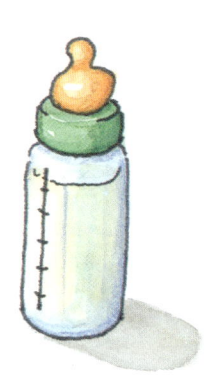

Foto

Den ersten Brei habe ich am ....
bekommen und die erste feste Nahrung
am ....

Einen Trinkbecher konnte ich
mit .... Monaten halten und den ersten Löffel
habe ich am .... benutzt.

Mit sechs Monaten mochte ich ....
besonders gern.

Mit zwölf Monaten war ....
meine Lieblingsspeise.

Das mochte ich überhaupt nicht:

....

....

Regelmäßig treffen sich meine Mutter und ich mit anderen Babys und ihren Müttern:

Auf dem Foto sind zu sehen: ....

....

....

Foto

Ab und zu bekommen wir **Besuch** von **anderen** Kindern. Hier haben meine Eltern notiert, wie die Kinder heißen und wie alt sie sind:

....

....

Foto

Am liebsten bin ich

mit .... zusammen.

Foto

Ich mag es wahnsinnig **gern**,
   wenn Mama und Papa mit mir

....

....

Foto

Weniger gut gefällt mir,
wenn sie

....

....

Ausflüge mit meinen Eltern oder Großeltern sind immer ein besonderes **Erlebnis**.

Hier haben sie einige Fotos von **besonders schönen Tagen** eingeklebt.

Foto

Foto

Was mir gefällt

Mein Lieblings**spiel**zeug: ....

Oft spiele ich mit: ....

Das ziehe ich **gerne** an: ....

....

Diese **Tiere** mag ich: ....

....

Mein Lieblingslied: ....

Mein Lieblingsgedicht:

....

....

Meine Lieblingsgeschichte: ....

....

Was mir sonst noch gefällt:

....

....

....

....

Mein erster Frühling ...

Foto

Mein erster **Sommer** ...

Foto

Mein erster **Herbst** ...

Foto

Mein erster Winter ...

Foto

Mein erstes Weihnachtsfest

So haben wir gefeiert:

....

....

....

....

Mit dabei waren

....

....

Foto

Das habe ich geschenkt bekommen

....

....

....

....

Der erste Urlaub

Vom .... bis zum .... waren wir

in ....

Zur **Erinnerung** haben meine Eltern Fotos eingeklebt.

Foto

Foto

Besondere Erlebnisse während des ersten Lebensjahrs,
die unbedingt festgehalten werden sollten:

Manchmal konnte ich ziemlich anstrengend sein. Aber es gab auch oft Situationen, in denen ich meine Eltern zum **Lachen** gebracht habe und wir die **komischsten** Dinge erlebt haben:

Foto

Innerhalb eines Jahres bin ich ganz schön **groß** geworden.

Zum Vergleich:
So sah ich mit vier Wochen aus.

Und das bin ich **kurz vor**

meinem ersten Geburtstag.

Was meine Frisur betrifft, muss noch erwähnt werden, dass am .... zum ersten Mal meine Haare geschnitten wurden.
Zum Andenken haben meine Eltern eine Haarsträhne von diesem denkwürdigen Ereignis aufgehoben.

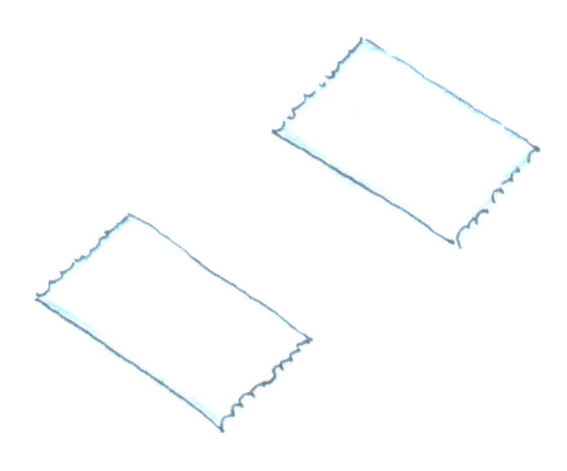

(Haarsträhne mit Klebeband hier befestigen)

So haben wir meinen ersten Geburtstag gefeiert:

....

....

....

....

....

....

....

....

(Auf dem Maßband und der Waage haben meine Eltern eingetragen, wie groß und schwer ich am ersten Geburtstag war.)

Foto

Das zweite Lebensjahr

Fortschritte, besondere Erlebnisse:

....

....

....

....

....

....

....

....

(Hier Größe und Gewicht am zweiten Geburtstag eintragen)

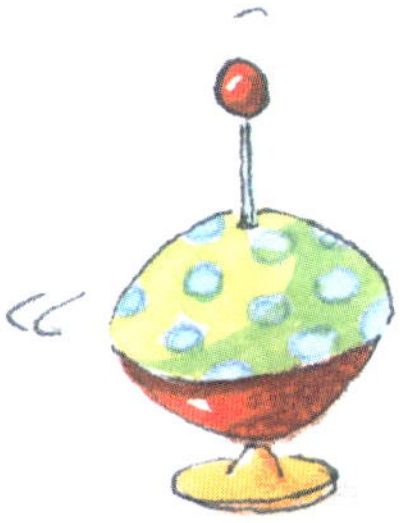

Foto

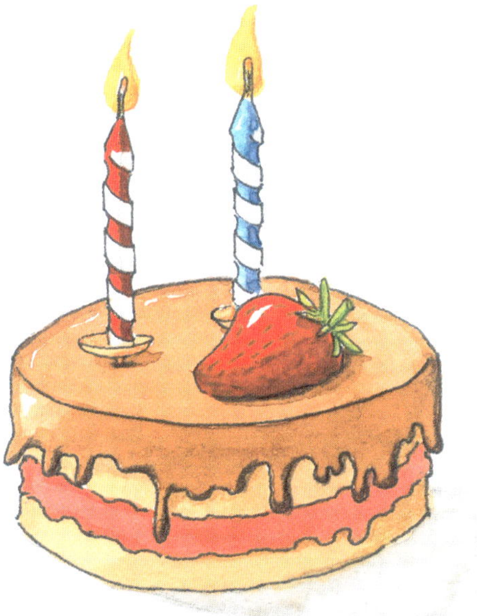

Das dritte Lebensjahr

Fortschritte, besondere Erlebnisse:

....

....

....

....

....

....

....

....

(Hier Größe und Gewicht am dritten Geburtstag eintragen)

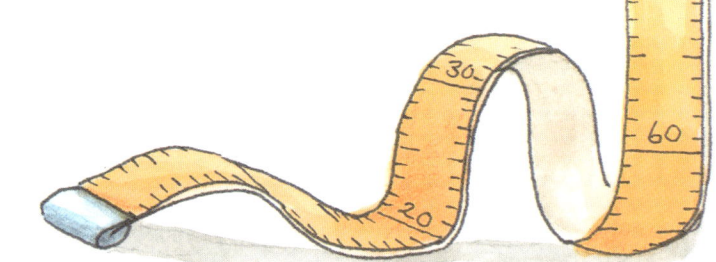

Foto

Am .... bin ich in den

Kindergarten in .... gekommen.

Hier bin ich ......**-mal** in der Woche

von .... bis .... Uhr.

In meiner **Gruppe** sind .... Kinder und unsere Kindergärtnerinnen heißen

....

....

....

Meine liebsten **Freunde** sind

....

....

....

....

Foto

Das vierte Lebensjahr

Fortschritte, besondere Erlebnisse:

....

....

....

....

....

....

....

....

(Hier Größe und Gewicht am vierten Geburtstag eintragen)

Ein Baby-Album, das mitwächst:
Wenn durch das Einkleben von Fotos und sonstigen Erinnerungsstücken das Album im Laufe der Zeit merklich dicker wird, können Sie den Buchrücken weiten: Lösen Sie die Schleife, lockern Sie das Band etwas, um es so der Dicke des Albums anzupassen, und binden Sie es danach wieder zu. Auch beim Schreiben kann es hilfreich sein, das Band etwas zu lockern. Anschließend wieder fest anziehen.

© 2000 arsEdition GmbH, München
Alle Rechte vorbehalten

Illustrationen: Petra Theissen, Hamburg
Gestaltung: Eva Schindler, Ebersberg
Text: Bettina Gratzki, Germering

Rosa: ISBN 978-3-7607-4347-9
Blau: ISBN 978-3-7607-4348-6

www.arsedition.de

Foto

Mein erster Schultag am ....

- Ich konnte es kaum erwarten.
- Ich bin mit gemischten Gefühlen hingegangen.
- Ich hatte überhaupt keine Lust.

.... brachte mich

in die Grundschule .... in

....

Mein(e) Lehrer(in) heißt ....

und wir sind .... Kinder in unserer Klasse.

Das haben wir am ersten Schultag gemacht:

....
....
....

Foto

Das sechste Lebensjahr

Fortschritte, besondere Erlebnisse:

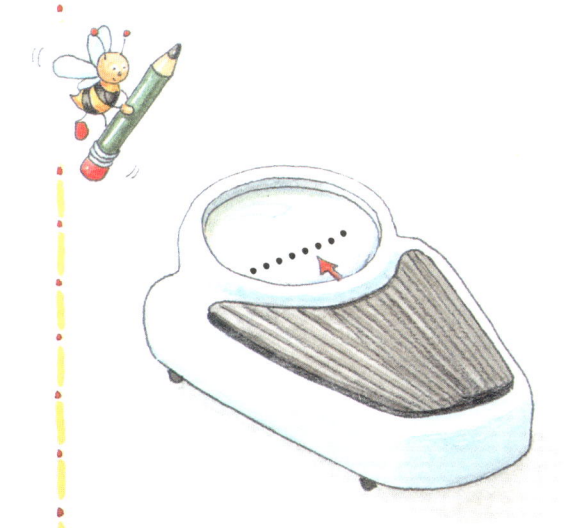

....

....

....

....

....

....

....

....

(Hier Größe und Gewicht am sechsten Geburtstag eintragen)

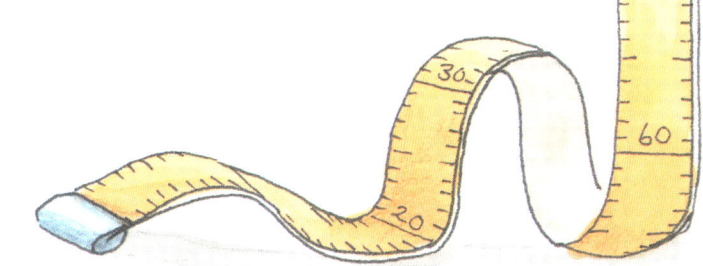

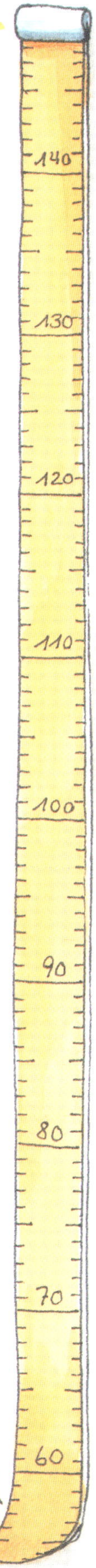

Foto

Das fünfte Lebensjahr

Fortschritte, besondere Erlebnisse:

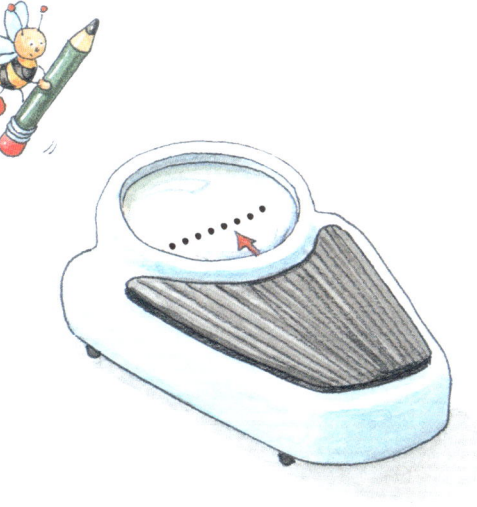

....

....

....

....

....

....

....

....

(Hier Größe und Gewicht am fünften Geburtstag eintragen)

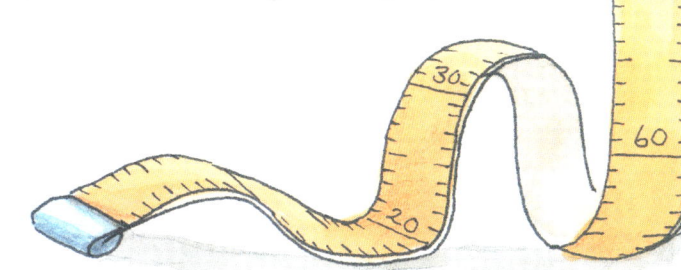

Foto